AF741091

Diskussions- und Verhandlungstechnik

Von

Dr. Franz R. Nick

Inhaltsverzeichnis

ISBN 978-3-409-39331-7 ISBN 978-3-322-85498-8 (eBook)
DOI 10.1007/978-3-322-85498-8

A. Diskussion und Verhandlung als Formen sozialer Kommunikation

Lernziele:

Nach dem Durcharbeiten dieses Kapitels sollten Sie Diskussion und Verhandlung in den Gesamtzusammenhang sozialer Kommunikation einordnen können. Ferner sollten Sie Arten und Zielsetzungen von Diskussion und Verhandlung kennen.

Unter sozialer Kommunikation ist die Übermittlung von Informationen von einer Person zu einer oder mehreren anderen Personen zu verstehen.

Die soziale Kommunikation vollzieht sich in sprachlicher, aber auch nichtsprachlicher Form. Das gesprochene Wort wird durch den Ausdruck, die Gestik und Mimik der Kommunikationsbeteiligten ergänzt.

Ziel der Kommunikation ist es zunächst, Informationen unverändert und sinngemäß dem Empfänger zu übermitteln. Eine derartige Übermittlung wird allerdings nie zweckfrei sein. Sie will den Empfänger veranlassen, in einer bestimmten Richtung zu empfinden, zu denken oder zu handeln. Auf eine kurze Formel gebracht könnte man sagen: Kommunikation will überzeugen.

I. Kommunikationsanlässe und -ziele

Kommunikation ist für den Menschen in einer modernen Wettbewerbswirtschaft unverzichtbar. Er muß Kommunikation betreiben, um seine beruflichen und privaten Ziele zu erreichen, um seine Situation am Arbeitsplatz zu erhalten; er übermittelt und empfängt Informationen bei beruflichen oder geselligen Zusammenkünften, er kommuniziert über Einkommen, Geld und z. B. Arbeitsbedingungen. Entsprechend weit gefaßt ist der Kreis der Kommunikationspartner. Neben Auftraggebern, Kunden und Lieferanten können z. B. genannt werden Kreditgeber, Banken und Verwaltungen, Behörden und politische Institutionen, Verbandsmitglieder, die Konkurrenz, Betriebsrat und Gewerkschaften, Unternehmensleitungen und Vorgesetzte, leitende Mitarbeiter, Kollegen und Untergebene, der Hausherr, Mieter, Architekten, Handwerker, Nachbarn, Lehrer, Freunde, Eltern, Frau, Kinder.

Als **Ebenen der Kommunikation** kommen in Frage:

- Die zwischenmenschliche Kommunikation, d. h. die Kommunikation zwischen Einzelpersonen.
- Die Kommunikation zwischen Organisationen, z. B. zwischen verschiedenen Abteilungen einer Unternehmung, zwischen verschiedenen Unternehmungen, zwischen Unternehmung und staatlichen Behörden.

Im Gegensatz zur zwischenmenschlichen Kommunikation vollzieht sich Kommunikation zwischen Organisationen in der Regel unter Verzicht auf eigene Bedürfnisse und mit Unterordnung unter die Zielsetzungen der Organisation. Die kommunizierenden Individuen identifizieren sich also — zumindest im Idealfall — mit einer mehr oder weniger großen Gruppe.

Die Übermittlung von Informationen zum Zweck des Überzeugens vollzieht sich in unterschiedlichen Kommunikationsformen. Neben Gespräch und Rede sind dabei die für die soziale Kommunikation besonders wesentlichen Formen der Diskussion und Verhandlung zu nennen.

II. Diskussionstypen

Die Diskussion dient dem Zweck, Meinungen von Fakten zu trennen.

Meinungen werden von der weiteren Kommunikation ausgeschlossen, Fakten hingegen klärend weiter verfolgt, bis als Ergebnis eine Erkenntnis oder eine Aufforderung zum Handeln vorliegt. Voraussetzung erfolgreicher Diskussion ist die Einstellung der Beteiligten, daß niemand so viel weiß wie die Diskussionsteilnehmer in ihrer Gesamtheit. Dies bedingt, daß Diskussionsergebnisse kaum vorhergesagt werden können. Niemand überschaut das Thema in seiner Ganzheit, niemand weiß, welche Beiträge gebracht werden. Fest steht allein das Thema, bekannt ist nur das Problem. Dennoch können zwei sehr unterschiedliche Diskussionstypen unterschieden werden.

1. Informationsaustauschorientierte Diskussion

Die informationsaustauschorientierte Diskussion soll abweichende Einstellungen annähern helfen, Mißverständnisse ausräumen und über die Einstellung der übrigen Diskussionsbeteiligten informieren. Mit dieser Diskussionsart wird also ein Wissenszuwachs bezüglich der übrigen Teilnehmer und bezüglich des gestellten Problems oder Themas angestrebt.

2. Problemlösungsorientierte Diskussion

Die problemlösungsorientierte Diskussion hat zur Aufgabe, Alternativen zu erarbeiten, zu bewerten, mitunter auch auszuwählen. Je nach Kompetenz der Diskussionsteilnehmer sind drei Situationen denkbar:

(1) Der Diskussionsleiter betrachtet das anstehende Problem als bereits gelöst. Aus seiner Sicht hat die Diskussion dann die Aufgabe, im Verlauf der Kommunikation dieselbe Problemlösung zu erarbeiten. Gesucht wird also eine Bestätigung der bereits festgelegten Entscheidung; zu erwarten ist eine entsprechende Lenkung der Diskussionsteilnehmer durch deren Leiter (geführte Diskussion).

(2) Die Diskussion dient der Erarbeitung von Entscheidungsgrundlagen, sie unterstützt die Entscheidungen des Diskussionsleiters (untersuchende Diskussion).

(3) Die Diskussionsbeteiligten haben die Aufgabe, ein Problem durch Diskutieren zu lösen und eine gemeinsame Entscheidung zu treffen (entschließende Diskussion).

III. Verhandlungstypen

Verhandlungen sind soziale Kommunikationen und dienen dem Zweck, bestehende Interessengegensätze zu überwinden, um zu einem Übereinkommen über die Entwicklung, den Austausch oder die Verwirklichung gemeinsamer Interessen zu gelangen.

Verhandlungen heben sich von Diskussionen durch die Existenz eines Interessengegensatzes ab. Die verhandelnden Partner versuchen in Verhandlungen die eigene Position zu stärken und die des Gegners zu schwächen. Existenznotwendig für das Zustandekommen von Verhandlungen sind neben einem hinlänglichen Konfliktstoff auch gemeinsame Interessengebiete. Die tatsächlichen Verhandlungsziele hingegen können sehr stark variieren. Denkbare Zielsetzungen sind:

— Die Verlängerung einer bestehenden Übereinkunft

— Die Normalisierung abnormer Zustände

— Die Um- bzw. Neuverteilung von Einflüssen und Interessen

— Die Erzielung von Nebeneffekten wie z. B. propagandistische Wirkung, Sammeln von Informationen über die Gegenseite; Veränderung der Einstellung der Gegenseite; Schaffung, Erhaltung und Vertiefung von Kontakten.

Diese Zielsetzungen lassen sich durch integrative wie durch distributive Verhandlung anstreben.

1. Integrative Verhandlung

Integrative Verhandlungen stehen im Zeichen von Kompromißstrategien. Jede Verhandlungsseite ist bereit, von den ursprünglich gehaltenen Positionen abzugehen zugunsten einer für beide Seiten tragbaren Kompromißformel.

Das Ergebnis einer integrativen Verhandlung ist daher nicht mehr mit den Ausgangssituationen der Verhandlungsbeteiligten identisch.

2. Distributive Verhandlung

Distributive Verhandlungen sind nicht mehr durch Verhandlungspartner, sondern durch Verhandlungsgegner gekennzeichnet. Die Verhandlungen stehen auf einem Alles-oder-Nichts-Standpunkt, die Beteiligten versuchen also aus schließlich die eigenen Interessen durchzusetzen. Im Ergebnis führt dieser Verhandlungstyp zu Sieg bzw. Niederlage je nach der Machtposition der einen oder anderen Seite.

Die Ausgangsposition einer Verhandlungsseite setzt sich also bei rein distributiver Verhandlung ohne jede Änderung durch.

ragen:

1. Nennen Sie die allgemeinen Zielsetzungen sozialer Kommunikation!
2. Wodurch unterscheiden sich die informationsaustauschorientierte und die problemlösungsorientierte Diskussion?
3. Nennen Sie die wesentlichen Zielsetzungen einer Verhandlung!

B. Organisationstechniken

Lernziele:

Das folgende Kapitel vermittelt Ihnen Kenntnis einschlägiger Organisationstechniken und sagt Ihnen etwas über ihre Bedeutung für den Verlauf sozialer Kommunikation. Ferner soll Ihnen Verständnis für die Rollenanforderungen an Leiter und Teilnehmer einer Kommunikation gegeben werden. Darüber hinaus sollten Sie die Regeln für eine erfolgreiche Kommunikationsteilnahme beherrschen.

Organisation als Tätigkeit ist eine — regelmäßig auf Dauer gerichtete — Ordnung von Sachmitteln und Menschen zur gemeinsamen Erfüllung von Aufgaben.

Komponenten (Bestandteile) der Ordnung sind hierbei die Zeit, der Raum, das Sachmittel und der Mensch. Dieser Ordnungskomponenten bedient man sich auch bei der planvollen Gestaltung von Diskussion und Verhandlung.

I. Zeitorganisation

Zustandekommen und Erfolg der beabsichtigten Kommunikation sind abhängig von der Rechtzeitigkeit der Terminwahl sowie der Genauigkeit der Festlegung ihrer Gesamtdauer und des Zeitraums für die Behandlung von Einzelproblemen bzw. thematischen Teilaspekten.

1. Terminwahl

Bei der Terminwahl sind zu berücksichtigen: die Jahreszeit (An- und Abreise, Urlaubszeit), der Stand des zu behandelnden Problems und der günstigste Zeitpunkt innerhalb der jeweiligen Arbeitswoche. Damit die beabsichtigten Informationsprozesse nicht ausufern, ist der Ansatz einer absoluten Zeitgrenze sinnvoll. Das hat ferner den Vorteil, daß Störungen durch die zeitweise oder vorzeitige Abberufung eines Teilnehmers unterbunden oder zumindest beschränkt werden. Die besonders häufig zu beobachtende Störung einer Kommunikation durch die zeitweise Abberufung eines Teilnehmers ist mitunter eine reine Statusdemonstration; sie lähmt den Arbeitseinsatz der verbleibenden Teilnehmer, zwingt zu wiederholenden Zusammenfassungen für den zurückkehrenden Teilnehmer und beeinträchtigt so den Gesamterfolg von Diskussion oder Verhandlung. Das Organisationsmittel Tagesordnung bietet sich zur weiteren Verminderung dieses Problems an.

2. Tagesordnung

Die Tagesordnung ist ein organisatorisches Hilfsmittel zur zeitlichen und inhaltlichen Feinplanung von Diskussion und Verhandlung. Sie enthält Zeitangaben für Beginn und Ende der Gesamtveranstaltung, Beginn und Ende der einzelnen Beiträge oder Probleme, sowie der Mittagspausen und der sonstigen Kurzpausen. Neben dem zeitlichen Rahmen informiert die Tagesordnung zugleich über den inhaltlichen Rahmen der beabsichtigten Kommunikation. Oberste Zielsetzung ist hierbei die Übersichtlichkeit und Aussagefähigkeit der Tagesordnung. Nur die konkrete Tagesordnung erlaubt dem Kommunikationsteilnehmer eine gezielte Vorbereitung, aber auch die Überlegung, welche Teilschritte der Kommunikationsveranstaltung für ihn vielleicht weniger wichtig sind. In die Tagesordnung eingearbeitet werden daher nicht nur die vermuteten reinen Kommunikationszeiten, sondern auch Zeitreserven im Umfang von 10 bis 15 % der Gesamtzeit, damit die unumgänglichen Planungsrisiken begrenzt bleiben. Zugleich ist damit auch in höherem Maß gewährleistet, daß die Kommunikation nicht schon infolge geringfügiger Zeitüberschreitungen ergebnislos abgebrochen werden muß.

II. Raumorganisation

Im Rahmen der Raumorganisation sind der Kommunikationsort, der spezielle Kommunikationsraum und schließlich die Sitzordnung zu bestimmen.

1. Kommunikationsort

Die Möglichkeit zur Bestimmung des Kommunikationsortes wird gewöhnlich demjenigen Kommunikationsteilnehmer eingeräumt, von dem etwas gewünscht bzw. gefordert wird (z. B. Verkaufsverhandlungen beim Abnehmer). Unabhängig von diesem psychologischen Moment können aber auch objektive Tatbestände bestimmend für die Wahl des Kommunikationsortes sein, etwa dann, wenn er für die Beteiligten besser als jeder andere erreichbar ist oder wenn wichtiges Material in Form von Zeichnungen oder Akten sich bei dem eigentlich „Besuchsverpflichteten" befindet.

Der allgemeinen Bestimmung des Kommunikationsortes schließt sich die Wahl des speziellen Kommunikationsraumes an. Lage, Größe, Belüftung, Beleuchtung, Beheizung und Möblierung sind hierbei in bezug auf den Zweck der Kommunikation und die Anzahl der Kommunikationsteilnehmer zu untersuchen. Allgemeine Raumanforderungen sind:

— Eine verkehrstechnisch günstige Lage und Größe. Der Raum soll gut erreichbar und für die beabsichtigte Teilnehmerzahl weder zu groß noch zu klein sein. Zu enge oder zu niedrige Räume stören den Kommunikationsablauf.

— Eine helle und freundliche Farbgebung.

— Eine ausreichende, blendfreie Beleuchtung.

— Hinlänglicher Schutz gegen Lärmeinwirkung sowie Abruf von Teilnehmern (z. B. Telefonsperre, Zugangsverbot für Nichtbeteiligte).

— Bequeme Sitzgelegenheiten ohne zu enge Tuchfühlung mit hinlänglichem Platz für die erforderlichen Unterlagen.

— Eine Sitzordnung mit direktem Blickkontakt zwischen allen Teilnehmern.

2. Sitzordnung

Der Sitzordnung kommt besondere psychologische Wertigkeit zu. Sie dokumentiert den Status, d. h. den sozialen Schichtungsrang der Kommunikationsteilnehmer und weist regelmäßig dem Leiter eine exponierte Stellung zu.

Sinnvollerweise orientiert sich daher die Planung der Sitzordnung am Kommunikationsleiter. Hierfür sprechen insbesondere die folgenden Gründe:

— Der Kommunikationsleiter muß von jedem Teilnehmerplatz aus gut zu verstehen sein.

— Er muß jeden Teilnehmerplatz gut sehen können, damit ihm keine Wortmeldungen entgehen.

— Er benötigt einen exponierten Sitzplatz, der seine Autorität stärkt.

Dies ist in der Regel der Platz am Ende der Symmetrieachse der Sitzordnung. Alle Anwesenden sind damit je zur Hälfte von dieser Achse gleichmäßig entfernt.

Die weitaus gebräuchlichste Form der Sitzordnung ist die sogenannte U-Form. Sie verliert aber dann an Wert, wenn auch an den Innenseiten des U Plätze besetzt werden müssen. Die dort Sitzenden kehren zwangsläufig anderen Teilnehmern den Rücken zu, Wortmeldungen werden leicht übersehen, die Blick- und Sprechrichtung ist unklar. Neben dem Kommunikationsleiter sollten an der Basis des U lediglich die Referenten und der Protokollführer sitzen, da sonst das Blickfeld des Kommunikationsleiters beeinträchtigt wäre. Nahe der Basis des U sind in der Regel Kommunikationsteilnehmer mit besonders hohem Status plaziert.

Die Kommunikation am runden Tisch ebnet alle Statusunterschiede ein. Auch eine exponierte Plazierung des Kommunikationsleiters entfällt. Das ist wichtig, wenn psychologische Barrieren abgebaut und die Gleichwertigkeit der Kommunikationspartner in bezug auf den Gegenstand der Kommunikation herausgestellt werden soll.

Eine Sitzordnung im langgestreckten Rechteck bedingt, daß der Kommunikationsleiter aus optischen und akustischen Gründen in der Mitte der Langseite den Teilnehmern gegenüber sitzt.

Auch die recht häufig anzutreffende T-Form genügt nur dann den Anforderungen, wenn die dem Kommunikationsleiter gegenüber befindliche Tischreihe nicht zu lang ist.

Für eine offene Kommunikation ungeeignet wäre eine Abart der T-Anordnung unter Verwendung eines Schreibtisches als „Querbalken". Hierdurch würde ebenso wie bei einer an den Schulunterricht erinnernden frontalen Sitzanordnung kein hinlänglicher Kontakt zwischen den Kommunikationsteilnehmern entstehen und die Autorität des Kommunikationsleiters überstark demonstriert.

Generell gilt, daß der Kommunikationsleiter mit dem Blick zum Fenster Platz nimmt. Ansonsten müßten die Teilnehmer ständig gegen das Licht schauen, sie würden bei starker Sonneneinstrahlung mit der Zeit den Kommunikationsleiter nur noch umrißhaft erkennen.

III. Sachmittelorganisation

Die Sitzordnung legt den Arbeitsplatz der einzelnen Kommunikationsteilnehmer fest. Die Bestuhlung wird ergänzt durch eine Vielfalt weiterer Sachmittel, welche die Kommunikation technisch und atmosphärisch unterstützen. Neben zweiseitig beschrifteten Namensschildern — der Kommunikationsteilnehmer muß seinen Platz finden und von den übrigen Teilnehmern persönlich angesprochen werden können — gehören dazu z. B. Notizpapier, Schreibzeug, Getränke, Rauchwaren, Aschenbecher, insbesondere aber Demonstrationsmittel und unmittelbare Kommunikationsunterlagen.

1. Demonstrationsmittel

Technische Kommunikationsmittel wie Tafel, Hellraumschreiber, Tonband, Dia- und Filmprojektor oder Videorekorder können zur Demonstration der anstehenden Kommunikationsinhalte genutzt werden. Rechtzeitig vor Kommunikationsbeginn sind diese Sachmittel bereitzustellen und auf ihre Funktionstüchtigkeit hin zu prüfen. Damit jeder Kommunikationsteilnehmer seine Beiträge mit vorbereiteten Medien unterstützen kann, bietet sich ein entsprechender Hinweis in der Tagesordnung an.

2. Kommunikationsunterlagen

Die von den einzelnen Kommunikationsteilnehmern vorbereiteten Beiträge und Demonstrationsmedien bilden den Kernpunkt der Kommunikationsunterlagen, an Hand derer der einzelne Teilnehmer sich vorbereiten kann. Ortsfremde Teilnehmer benötigen daneben in den Kommunikationsunterlagen u. a. Hinweise zur Auffindung des Kommunikationsortes, zu den An- und Abreisemöglichkeiten, zu den Übernachtungs- und Parkmöglichkeiten, zur Unterbringung und zu den Möglichkeiten der Freizeitgestaltung.

Eine derartige, sorgfältig durchgeführte Sachmittelorganisation wird nicht nur die erforderliche Atmosphäre der Arbeitsbereitschaft herstellen, sondern auch die Arbeitsmöglichkeiten durch eine gezielte Einstimmung der Kommunikationsteilnehmer auf den Inhalt der geplanten Diskussion oder Verhandlung verbessern.

IV. Personale Organisation

Das Problem der personalen Organisation von Kommunikationsvorgängen läßt sich von zwei Seiten betrachten:

- Der Kommunikationsleiter ist zu bestimmen und auf seine Aufgaben vorzubereiten.
- Die Kommunikationsteilnehmer sind zu finden, vorab zu informieren und im Hinblick auf die erwarteten Beiträge einzuschätzen.

1. Diskussions- und Verhandlungsleiter

Erfolgreiche Kommunikation verlangt einen Leiter mit „Persönlichkeit". Dies zeigt sich im Äußeren (angemessene Kleidung, gepflegter Eindruck) und im intellektuellen Niveau (Intelligenz, Reaktionsfähigkeit, kritischer und analytischer Verstand). „Persönlichkeit" verlangt daneben aber auch psychische Qualitäten wie Einfühlungsvermögen, Kontaktbereitschaft, Anpassungsfähigkeit und mitmenschliche Offenheit.

Ferner wird von einem Kommunikationsleiter Systematik und Konsequenz im Handeln, Hartnäckigkeit im Verfolgen gesteckter Ziele, Zuverlässigkeit, Verantwortungsbewußtsein und insbesondere eine ausgeprägte Ausdrucks- und Redefähigkeit gefordert. Zu verlangen ist also nicht nur das Vorhandensein von Qualifikation, sondern auch die Fähigkeit, den Kommunikationsteilnehmern diese Qualifikation glaubwürdig zu machen. Dies begründet den für die Aufgabenerfüllung der Kommunikationsleitung notwendigen Ruf: dem Kommunikationsleiter werden vom Teilnehmer auf der Grundlage seines früheren Verhaltens bestimmte Motive und Ziele, also ein bestimmter Stil, zugeschrieben. Ferner ist das Verhalten des Kommunikationsleiters bei auftretenden Risiken, die Beharrlichkeit, die Kompromißfreude, der Verzicht auf Machtdemonstrationen und die strikte Einhaltung von Zusagen von Bedeutung.

Von Qualifikation und Ruf abgesehen ist es eine Frage der Taktik, wer etwa als Leiter von Verhandlungen eingesetzt wird. Würde ein Mitglied der Geschäftsleitung die Verhandlungsführung übernehmen, so stünde es unter dem Zwang zu Augenblicksentscheidungen.

Es ist daher üblich geworden, zunächst rangniedrigere Aufgabenträger mit der Verhandlungsleitung zu betrauen. Die endgültige Zustimmung zu den von ihnen ausgehandelten Ergebnissen kann dann von der Entscheidung der abwesenden Geschäftsleitung abhängig gemacht werden. Auch ist nicht zu verkennen, daß gerade nachgeordnete Stellen häufig über Detailkenntnisse verfügen, welche der Geschäftsleitung auf Grund ihrer besonderen Aufgabenstellung in der Regel nicht zugänglich sind.

Dennoch ist der Einsatz eines rangniedrigen Verhandlungsleiters nicht unproblematisch. Die Notwendigkeit zu Vorbehalten bei Verhandlungsobjekten ohne besondere Bedeutung nimmt dem Verhandlungsleiter das „Gesicht". Sichtbare Statusungleichheit zwischen Verhandlungsleiter und Verhandlungspartner mag als Geringschätzung der Partner aufgefaßt werden. Auch liegt es nahe, daß der rangniedrige Verhandlungsleiter zur Stärkung seines Verhandlungsrufs und seiner Position gegenüber dem Auftraggeber zu übertriebener Festigkeit und Starrheit bei der Verhandlungsführung neigt.

Ebenso problematisch wäre ein Kommunikationsleiter, welcher den Ausgleich um jeden Preis sucht, sich von persönlichen Sympathien gegenüber den Kommunikationsteilnehmern leiten läßt, aus übertriebener Kameradschaft dazu neigt, die sachlichen Notwendigkeiten zu übersehen oder seiner eigenen rhetorischen Darstellung mehr Aufmerksamkeit widmet als den Verhandlungspartnern.

Die Möglichkeit eines derartigen Fehlverhaltens macht es notwendig, den Aufgabenkomplex des Kommunikationsleiters näher zu untersuchen.

Zum Aufgabenkreis des Diskussions- und Verhandlungsleiters gehört zunächst die gründliche Vorbereitung der Kommunikation. Als Hilfsmittel zur Erfüllung dieser Aufgabe bietet sich die Erstellung eines Vorbereitungsbogens an, der etwa folgendes Aussehen haben könnte:

I. Problemanalyse

1. Wie ist das Problem/die Thematik zu definieren?
2. Ist das Problem/die Thematik durch Kommunikation lösbar?
3. Welches Ergebnis ist anzustreben?
4. Welche Kommunikationsart erscheint zur Lösung des Problems bzw. zur Behandlung der Thematik als angemessen?
5. Wer könnte als Kommunikationsteilnehmer zur Problemlösung/Themenbehandlung beitragen?
6. Wie sind die vorgesehenen Kommunikationsteilnehmer mit dem Problem/der Thematik vertraut zu machen?
7. Welche Zielsetzungen der Kommunikation sollten den Teilnehmern mitgeteilt werden?
8. Über welche Teilbereiche des Problems/der Thematik muß kommuniziert werden, damit die festgelegten Zielsetzungen zu erfüllen sind?
9. Wie sollen die Teilnehmer auf einen einheitlichen Informationsstand gebracht werden?
10. Wie sollen die Teilnehmer dazu aktiviert werden, Tatsachen, Ideen und Meinungen mitzuteilen und im Sinne der Kommunikationsleitung einzuschätzen?

II. Ablaufplan

1. Einführung

   Wie ist das Problem/die Thematik zu definieren?
   Wie ist das erforderliche Interesse zu wecken und die notwendige Aufmerksamkeit zu erhalten?
   Wie sind die notwendigen Informationen zu erteilen?
   Wie sind die Kommunikationsziele zu verdeutlichen?

2. Ermittlung der Einstellungen

   Werden einleitende Feststellungen benötigt?
   Werden Medien wie etwa Filme, Dias, Graphiken benötigt?
   Welche Fragen sind zu stellen?
   Welche Antwortmöglichkeiten sind denkbar?
   Welche Zusammenfassungen sollten gegeben werden?

3. Problemlösung/Themenbewältigung

   (Einzelüberlegungen wie Ziffer 2)

4. Zusammenfassung

   Welche Problem-/Themenaspekte sollten behandelt worden sein?

   Welche Ziele sollten in welchem Umfang erreicht worden sein?

   Welche Entscheidungen sollten getroffen worden sein?

   Welche konkreten Verhaltenskonsequenzen ergeben sich aus dem Kommunikationsergebnis?

Die Aufgabe der Diskussions- und Verhandlungsleitung verlangt von ihrem Träger nicht, daß er ein ausgesprochener Experte bezüglich der angeführten Probleme und Themenkreise ist. Er muß jedoch die Thematik der Kommunikation insoweit beherrschen, als er interessante Fragen herausfinden und entscheiden kann, ob Beiträge vom Thema abweichen und in welchen Fällen Teilaspekte der Thematik hinlänglich oder unzureichend behandelt wurden.

Neben einer organisatorischen und thematischen Vorbereitung verlangt die Aufgabe der Diskussions- und Verhandlungsleitung auch eine Beschäftigung mit den vorgesehenen Kommunikationsteilnehmern. Kenntnisse zum Persönlichkeitstyp, den spezifischen Eigenheiten der Kommunikationsteilnehmer, den zu erwartenden Taktiken und dem Umfang der Probleme erleichtern die Leitung im Verlauf der Kommunikation.

Der Diskussions- und Verhandlungsleiter liefert keine Beiträge zur Sache. Es ist auch nicht seine Aufgabe, die Qualität von Beiträgen zu beurteilen. Er hat vielmehr objektive Zusammenfassungen zum Kommunikationsstand zu geben und dafür zu sorgen, daß die Besprechung von Teilaspekten nicht zuungunsten des Gesamtproblems bzw. Themas oder zuungunsten einiger Beteiligter abgebrochen oder weitergeführt wird.

Auf Basis der Tagesordnung sorgt der Diskussions- und Verhandlungsleiter für die Einhaltung grundlegender „Spielregeln“. Inhaltliche und zeitliche Abweichungen von der festgelegten Tagesordnung hat er zu unterbinden. Wortmeldungen werden notiert, Worterteilungen erfolgen in der Reihenfolge der Meldungen.

Bei Kommunikationsbeginn erläutert der Diskussions- und Verhandlungsleiter das Problem oder Thema und seine Grenzen. Er stellt die einander unbekannten Teilnehmer vor, stellt eine eröffnende, aktivierende Frage oder fordert zur Abgabe von Eröffnungserklärungen auf. Im Verlauf der Kommunikation legt der Diskussions- und Verhandlungsleiter sein Hauptaugenmerk auf die Beobachtung der Teilnehmer und ihrer Reaktionen, die Worterteilung und den Wortentzug. Ist eine Teilfrage hinlänglich behandelt, bleiben weitere Wortmeldungen aus oder wiederholen sich die Beiträge inhaltlich, so gibt er eine kurze Zusammenfassung und leitet die Kommunikation durch gezielte Fragen an kompetente Teilnehmer auf andere Aspekte über. Einige Minuten vor dem in der Tagesordnung festgelegten Kommunikationsende ist bei der Diskussion eine letzte interessante und aktivierende Frage zu stellen, bei der Verhandlung hingegen auf die Notwendigkeit einer Entscheidung hinzuweisen. Unmittelbar vor Schluß erhalten die Teilnehmer Gelegenheit zu einer Schlußerklärung. Anschließend gibt der Diskussions- und Verhandlungsleiter eine kurze unparteiische Zusammenfassung der Ergebnisse.

Unmittelbar nach Kommunikationsende stellt sich dem Diskussions- und Verhandlungsleiter als letzte Aufgabe die Anfertigung eines Gedächtnisprotokolls. Hierbei werden neben Notizen zur Problem- oder Themenbehandlung auch Informationen über die einzelnen Teilnehmer festgehalten, damit etwa bei wiederholter Kommunikation mit gleichem Teilnehmerkreis bekannt ist, wer besonders aktiv mitwirkte, wer neue Ideen und Gesichtspunkte einbrachte, wer die Kommunikation in Gang setzen konnte, wer nur vordergründige Argumente brachte, wer Konfrontation suchte und wer z. B. übereilt Kompromisse anstrebte.

Insgesamt bleibt festzuhalten, daß die Diskussions- und Verhandlungsleitung statt aktiver Beteiligung an der Kommunikation eher Zurückhaltung verlangt. Der Wunsch nach aktiver Teilnahme an der Kommunikation verträgt sich nicht mit der Forderung nach unparteiischer Moderation.

2. Diskussions- und Verhandlungsteilnehmer

Ebenso wie an den Leiter werden auch an den Diskussions- und Verhandlungsteilnehmer bestimmte Anforderungen gestellt. Der ideale Kommunikationsteilnehmer ist angemessen gekleidet, hält sich exakt an die Zeitplanung und ist gut vorbereitet. Er interessiert sich für die Thematik der Kommunikation und ist aufgeschlossen für die anstehenden Probleme. Seine Beiträge sind klar und präzise, sie bleiben sachlich und wahren kritische Distanz. Im zwischenmenschlichen Verkehr ist der Kommunikationsteilnehmer aufgeschlossen, höflich und freundlich. Er zeigt Toleranz und Rücksichtnahme gegenüber anderen Teilnehmern und vermeidet persönliche Angriffe.

Allgemein lassen sich folgende Regeln für eine erfolgreiche Kommunikationsteilnahme aufstellen:

1. Argumente anderer Kommunikationsteilnehmer haben Vorrang. Der Teilnehmer kann sich so auf mögliche Konflikte vorbereiten und gezielt eingreifen, ohne selbst bereits angreifbar zu sein.

2. Gewichtige Argumente werden zugunsten der schwächeren zunächst nicht kommuniziert.

3. Einwände gegen Beiträge anderer Teilnehmer erfolgen knapp und in Frageform. Dies verhindert eine Provokation von Aggressionen und eine Überbewertung der fremden Beiträge.

4. Beiträge sind kurz und präzise, sie zeichnen sich durch Qualität statt durch Quantität aus.

5. Beiträge erfolgen nur nach Worterteilung durch den Diskussions- und Verhandlungsleiter. Auf Zwischenrufe und Privatgespräche wird verzichtet.

6. Ununterbrochener Blickkontakt zu allen Teilnehmern ergänzt die allgemeine Aufmerksamkeit.
7. In abschließenden Erklärungen wird wiederholend in aller Kürze die eigene Ansicht vorgetragen und begründet. Die Zustimmung der übrigen Teilnehmer wird dadurch gesichert, daß auch kontroverse Meinungen kurz, aber anerkennend angeführt werden.

Im Gegensatz zu Diskussionen erfolgt vor Verhandlungen zweckmäßigerweise eine spezifische Aufgabenzuweisung für die einzelnen Teilnehmer.

So werden etwa die Inhalte der Eingangserklärung und die Person des Vortragenden festgelegt, ein Mitglied des Verhandlungsteams wird als vorgeblich neutral bestimmt, um bei einer Blockierung die Verhandlung wieder in Gang bringen zu können, ein anderes Teammitglied kann auf kämpferische Härte festgelegt werden, ein anderes hingegen Kompromißbereitschaft verdeutlichen.

Ziel einer derartigen Aufgabenverteilung ist die Erringung psychologischer Vorteile gegenüber dem Verhandlungsgegner. Sie wird ergänzt durch eine Vielfalt allgemeiner verhaltenspsychologischer Techniken.

Fragen:

4. Welche Angaben sollte die Tagesordnung enthalten?
5. Welche Sitzordnung bietet sich an
   a) für eine Diskussion mit 8 Teilnehmern?
   b) für eine Verhandlung mit 20 Teilnehmern?
6. Versuchen Sie für ein — von Ihnen erdachtes — Kommunikationsproblem einen Vorbereitungsbogen entsprechend dem in Abschnitt B. IV. 1. aufgeführten Muster auszufüllen!

C. Verhaltenspsychologische Techniken

Lernziele:

> Nach Durcharbeiten dieses Kapitels sollten Sie Verständnis für die psychologisch bedeutsamen Aspekte der Kommunikation haben,
>
> die Steuerungsmöglichkeit von Ausdrucksverhalten kennen und analysieren können sowie
>
> Kenntnis von den Korrekturtechniken bei störendem Kommunikationsverhalten haben.

Kommunikationsteilnehmer machen Informationsverarbeitungsprozesse durch. Sie zeigen anschließend ein bestimmtes Verhalten, daß sich entweder in Form erneuter Informationsübermittlung oder anderer Handlungen äußert. Das macht den Einsatz verhaltenspsychologischer Techniken möglich und für den Kommunikationserfolg bedeutsam.

I. Bedürfnisorientierung der Kommunikation

Der subjektive Erfolg einer Kommunikation läßt sich daran messen, inwieweit die Bedürfnisse der Kommunikationsteilnehmer befriedigt wurden. Insbesondere Sicherheits- und Wertschätzungsbedürfnisse sind hierbei von Bedeutung.

1. Bedürfnisbefriedigung als allgemeines Ziel

Kommunikationsteilnehmer wollen mit bestimmten Informationen versorgt sein, diese und die im Gedächtnis bereits gespeicherten Informationen in einer ihnen genehmen Weise verarbeiten und durch Abgabe von Informationen andere Kommunikationsteilnehmer zu einer bestimmten Richtung der Informationsverarbeitung, der Kommunikationsteilnahme und ihrer Handlungen veranlassen. Für jeden Kommunikationsteilnehmer ist es daher von Bedeutung, die Bedürfnisse seiner Partner zu kennen.

Entsprechende Informationen können genaue Beobachtung von dem Verhalten der Partner und — ergänzend dazu — ihre Befragung nach den Verhaltensgründen liefern. Aufmerksames Zuhören, Beobachtung der Reaktionen, der Angewohnheiten und Gebärden, der Ausdrucksweise, der Redewendungen, der mitunter unbeabsichtigten Äußerungen in Mimik und Gestik sind weitere Anhaltspunkte für Erkenntnisse über die Wünsche und die mehr oder weniger verborgenen Bedürfnisse der Kommunikationspartner. Ergänzende Fragen zu den Bedürfnissen der Kommunikationspartner sind geeignet, das so entstandene Bild der Bedürfnisse dieser Kommunikationspartner zu ergänzen, auch wenn nicht in allen Fällen erwartet werden kann, daß diesen ihre Bedürfnisse voll bewußt sind.

Mit Hilfe einer Bedürfnisanalyse ist es möglich, den bei einem Kommunikationspartner festgestellten Bedürfnissen entgegenzukommen oder nicht bzw. ihn zu belohnen oder zu bestrafen. Durch die Bedürfnisanalyse läßt es sich vermeiden, daß im Hinblick auf bereits befriedigte und damit für das Verhalten des Kommunikationspartners unwesentlich gewordene Bedürfnisse besondere Anstrengungen im Rahmen der Kommunikation unternommen werden.

2. Sicherheits- und Wertschätzungsmotivierung

Soziale Kommunikation als solche ist bereits geeignet, individuelle Bedürfnisse direkt zu befriedigen. So erfahren z. B. Sicherheitsbedürfnisse dann eine Befriedigung, wenn die empfangenen Informationen dem Kommunikationspartner dazu verhelfen, seinen Verhaltensspielraum genauer abzugrenzen, seine Voraussicht über das Verhalten der unmittelbaren Umgebung zu erweitern und die Bedrohungen abzubauen, welche sich aus vermeintlich oder tatsächlich frustrierenden Umweltveränderungen ergeben. Aus dem Drang nach Sicherheit erklärt sich auch der Wunsch, über Informationen zu verfügen, welche eine Selbstkontrolle des Verhaltens ermöglichen und z. B. für einen Arbeitnehmer den durch Arbeitsteilung und Mechanisierung in der Unternehmung bewirkten Erfahrungsverlust ausgleichen, die Umwelt also wieder überschaubar gestalten.

Eine direkte Befriedigung durch Information erhalten auch die Wertschätzungs- und Selbstverwirklichungsbedürfnisse des Menschen. So sind das Ausmaß der Kommunikationsteilnahme und der Grad an Informiertheit bedeutsame Statussymbole, welche dem individuellen Geltungsstreben entgegenkommen. Daneben empfinden leistungs- und lernmotivierte Individuen den Erwerb neuen Wissens und die Entwicklung ihrer Fähigkeiten durch Information als einen wesentlichen Beitrag zur Persönlichkeitsentfaltung.

Eine Veränderung der Bedürfnisbefriedigung und damit auch der Kommunikationsergebnisse wird weiterhin durch gezielten Einsatz des Ausdrucksverhaltens ermöglicht.

II. Analyse und Steuerung des Ausdrucksverhaltens

In Mimik und Gestik, Stimmlage und Sprachverhalten, in dem einem Kommunikationsbeteiligten gegenüber gehaltenen Abstand drückt ein Kommunikationsteilnehmer bewußt oder unbewußt seine Einstellung zur Thematik der Kommunikation und zu den übrigen Kommunikationsbeteiligten aus.

Es ist daher wichtig, das Ausdrucksverhalten zu analysieren und zur Beeinflussung des Partnerverhaltens bewußt und gezielt einsetzen zu können.

1. Bewegungsausdruck

Die Fähigkeit zur Interpretation oder gar zur bewußten Beherrschung des Bewegungsausdrucks versetzt den Kommunikationsteilnehmer in die Lage, über das gesprochene Wort hinaus Informationen aufzunehmen und abzugeben. Problematisch dabei bleibt, daß sich der Ausdruck meist unbewußt vollzieht und infolge seiner Vieldeutigkeit nur unter Risiko zu interpretieren ist. So deutet etwa häufiges Husten auf Zweifel oder Überraschung des Kommunikationsteilnehmers hin. Er kann damit ausdrücken, daß der andere mit zu viel Selbstvertrauen oder Einbildung spricht. Häufiges Blinzeln vermag Gefühle von Schuld oder Furcht zu verraten, es deutet auf Unwahrheiten hin. Spannungen etwa können sich äußern durch Erröten, nervöse Unruhe, angespannten Gesichtsausdruck, unnatürliches Lachen oder schweigsames Vorsichhinstarren.

Zu den Bewegungsausdrücken zählen ferner:

Handbewegungen
verkrampfte Hände = Unsicherheit; Händeringen = Verkrampfung, Verzweiflung, Verteidigungsabsicht; geballte Hände = Entschlossenheit, Zorn, Erregung; Händereiben = Selbstzufriedenheit, Interesse, Engagement, positive Erwartung; Hand am Nacken = Verteidigungsgeste; Hände hinter dem Kopf verschränkt = Selbstsicherheit, Konzentriertheit.

Hand- und Kopf-Bewegungen
Kinn streicheln = Nachdenklichkeit; Nase reiben = Ablehnung, Zweifel, Unsicherheit; Ohr zupfen = Ablehnung, Zweifel und Wunsch zur Unterbrechung; Zeigefinger vor den Lippen = Unsicherheit, Verlegenheit, Wunsch zur Unterbrechung.

Fingerbewegungen
Erhebung des Zeigefingers = Belehrung, Tadel, Mahnung; Zusammenlegen der Fingerspitzen = Zuversicht, Einbildung, Arroganz, Stolz; Fingertrommeln = Nervosität, Ungeduld.

Armbewegungen
Verschränkung der Arme = Mißbilligung, Rückzug, Unbehagen, Abwarten; Ausbreiten der Arme = Selbstsicherheit.

Kopfbewegungen
Zur Seite geneigter Kopf = Interesse; gesenkter Kopf = Verlegenheit, Niedergeschlagenheit, Unsicherheit; Abwendung des Blicks = Schüchternheit, Schuldgefühl.

Beinbewegungen
Übereinanderschlagen der Beine = Entspannung, Sicherheit, Kampfbereitschaft; Füße weisen zum Ausgang = Abbruchwille, Ungeduld.

2. Stimmlicher Ausdruck

Ein Niederschlag von Emotionen ist in besonderer Weise auch im sprachlichen Ausdruck vorzufinden. Die Häufigkeit von Sprachmarotten, die Länge, die Einfachheit, Abstraktion des Satzbaus, die Art des Sprechbeginns (Lautstärke, Bestimmtheit, Freundlichkeit, Geduld, Originalität) geben erste Anhaltspunkte. Daneben sind von Bedeutung die Beobachtung des Sprechtempos, der Stimmfarbe, der Stimmkraft. Das folgende Schema zur Selbstkontrolle und zur Fremdanalyse des stimmlichen Ausdrucks vermag dies zu verdeutlichen.

Stimmfarbe:	schrill				■		melodisch
	dünn				■		voluminös
	hoch				■		tief
Stimmkraft:	leise			■			laut
	monoton				■		betonend
	leicht		■				gepreßt
Sprechtempo:	schnell			■			langsam
	hastig				■		ruhig
	pausenlos				■		mit Pausen
	rhythmisch		■				abgehackt
Sprach-marotten:	viele					■	wenige
	häufig					■	selten
Satzbau:	kurz	■					lang
	einfach		■				verschachtelt
	vollständig	■					abgebrochen
	abstrakt				■		konkret
	Fremdwörter				■		selten
	Wiederholungen					■	selten
Sprechbeginn:	laut			■			leise
	schüchtern			■			bestimmt
	fragend		■				behauptend
	freundlich		■				ernst
	geduldig		■				ungeduldig
	abwartend		■				eröffnend
	originell		■				abgedroschen

Die für den Kommunikationsverlauf idealen Formen des stimmlichen Ausdrucks liegen in der Regel zwischen den aufgeführten Extremen (vgl. die fettgedruckten Kästchen des Schemas). Abweichungen von diesem Ideal lassen negative Ausdeutungen bezüglich der emotionalen Lage und der thematischen Einstimmung des Kommunikationsteilnehmers zu.

3. Kommunikationsdistanz

Der Abstand vom anderen regelt sich nach ungeschriebenen Gesetzmäßigkeiten und ist abhängig von den kulturellen Formen der Kommunikationsteilnehmer. In den USA etwa hält ein Mann ungefähr 50 cm Abstand beim Gespräch mit einem anderen Mann, jedoch einen größeren Abstand im Gespräch mit einer Frau. Völlig anders hingegen verhält man sich z. B. in Lateinamerika und Frankreich. Dort konnte man feststellen, daß Männer etwa 35 cm voneinander Abstand halten und einen noch geringeren Abstand im Gespräch mit einer Frau einzuhalten pflegen. Eine Amerikanerin mag sich dort also infolge des geringen Kommunikationsabstandes bedrängt vorkommen. Würde sie sich auf die ihr anerzogene Distanz zurückziehen, so könnte der Lateinamerikaner oder Franzose sich unhöflich behandelt fühlen.

Allgemein läßt sich feststellen, daß eine Distanz von etwa einem halben Meter und weniger von sich gegenseitig relativ unbekannten Männern als peinlich empfunden wird (Ausnahme: Händedruck). Reaktionen sind Unsicherheit, Unbehagen und Unruhe. Auch wird ein Blickkontakt in dieser Distanz bei längerer Dauer als ungehörig empfunden. Zwischen etwa einem halben Meter und einem Meter liegt die Distanz der Vertraulichkeit. Nähert sich ein Fremder auf diese Distanz, so wird von ihm ein Anliegen vermutet. Der Regelabstand für eine unpersönliche Kommunikation ist etwas größer, er liegt zwischen einem und eineinhalb Meter. Bei geschäftlichen Besprechungen wird jedoch häufiger eine gesellschaftliche Distanz von $1^1/_2$—$2^1/_2$ Meter bevorzugt. Noch größere Abstände zwischen den Kommunikationsbeteiligten bieten sich für allgemeinere gesellschaftliche Anlässe, formlose Zusammenkünfte oder Ansprachen an eine Gruppe an.

III. Analyse und Steuerung des Kommunikationsverhaltens

Die Kommunikationsteilnehmer lassen sich nach dem Interesse, das sie dem Thema und dem Kommunikationsleiter entgegenbringen, in unterschiedliche Kategorien einteilen.

Dabei ist zu beachten, daß dieses Interesse von den jeweiligen subjektiven Bedürfnissen stark beeinflußt ist. Insbesondere für den Kommunikationsleiter erwächst daraus die Aufgabe, Teilnehmer mit mangelnder thematischer Einstimmung, mit zu geringer oder zu starker Beteiligung, mit autoritärem oder rechthaberischem Gehabe so zu beeinflussen, daß der Erfolg der Kommunikation trotz psychologisch bedingter Ungleichheit der Teilnehmer sichergestellt bleibt.

1. Korrektur thematischer Abweichungen

Thematische Abweichungen sind insbesondere dann zu erwarten, wenn das Thema der Kommunikation nicht genügend erklärt wurde oder wenn die Teilnehmer an der Thematik nicht besonders interessiert sind und über andere Probleme kommunizieren möchten. Der Diskussions- und Verhandlungsleiter wird also zunächst zu prüfen haben, ob die thematischen Abweichungen auf eigenem Fehlverhalten beruhen, ob sie bewußt vom Kommunikationsteilnehmer angestrebt wurden, da dieser sie für nützlich hielt, oder ob er nicht richtig zuhörte und den Faden verlor.

Muß sich der Diskussions- und Verhandlungsleiter selbst die Schuld an den thematischen Abweichungen geben, so wird er dies im Interesse einer Abweichungskorrektur offen zugeben müssen. Zwar verweist er damit auf eigene Mängel, zugleich dokumentiert er aber mit dieser Offenheit eine Teilnehmerorientierung, der für die Überwindung der psychologischen Distanz zum Teilnehmer besondere Bedeutung zukommt. Im Hinblick auf diese Distanz ist bei teilnehmerbedingten thematischen Abweichungen besonders behutsam vorzugehen. Die Kommunikation ist in diesen Fällen ohne offene Kritik wieder auf das Thema zu lenken. Eine beschränkte Diskussion über das Nebenthema oder die Verschiebung einer solchen Diskussion statt einer abrupten Kritik verhindern das Entstehen psychologischer Barrieren und bestärken den Eindruck einer taktvollen Kommunikationsleitung.

2. Korrektur mangelnder Teilnahme

Mangelnde Kommunikationsteilnahme kann auf eine Vielfalt von Ursachen zurückgeführt werden. So mag es sein, daß die Kommunikationsteilnehmer sich gegenseitig unbekannt sind und sich gewissermaßen zum Selbstschutz zunächst zurückhalten. Gehört der Kommunikationsrunde offenbar ein Experte oder ein Mitglied mit besonders hohem Status an, so sind ähnliche Hemmungen zu erwarten. Denkbar ist aber auch, daß die Kommunikationsteilnehmer zur Themenbehandlung nicht befähigt sind, an der Themenbehandlung kein Interesse haben oder auch unsicher sind, weil sie etwa Fragen und Erklärungen des Kommunikationsleiters nicht ganz verstanden haben.

Die meisten dieser Ursachen lassen sich dadurch beseitigen, daß der Kommunikationsleiter eine „freie Atmosphäre" der Kommunikationsbereitschaft herstellt, bei der alle Teilnehmer das Gefühl haben, daß ihre Beteiligung und ihre Beiträge erwünscht und brauchbar sind. Konkrete Taktiken in diesem Zusammenhang sind die Anführung eines konkreten Falles, die Einnahme eines überzogenen, radikalen Standpunktes und aktivierenden Fragen nach Beispielen oder persönlichen Erfahrungen der Teilnehmer.

Besondere Aufmerksamkeit verlangt vom Diskussions- und Verhandlungsleiter der „stumme" Teilnehmer. Er ist vielleicht langsam, aber gründlich, möglicherweise ist er auch schüchtern und hat nicht genug Selbstvertrauen. Denkbar erscheint auch, daß er am Thema nicht interessiert oder gar gegen das Ziel der Kommunikation eingestellt ist. In der Regel läßt sich die Zurückhaltung eines derartigen Teilnehmers durch direkte Ansprache überwinden. Der Diskussions- und Verhandlungsleiter gibt z. B. seiner Freude Ausdruck, daß dieser Teilnehmer zur Kommunikationsrunde gehört, sie durch seine persönlichen Erfahrungen bereichern und ihr seine Probleme schildern kann. Auch bescheidene Beiträge eines solchen Teilnehmers sind zu loben, damit er ermutigt wird und die Zuwendung des Kommunikationsleiters deutlich verspürt. Dabei darf jedoch nicht übersehen werden, daß übertriebenes Lob unangebracht, mitunter sogar taktlos wirkt. Das angestrebte Erfolgserlebnis des Teilnehmers bleibt dann aus, er wird sich möglicherweise noch stärker zurückhalten als zuvor.

3. Korrektur überzogener Teilnahme

Ein Zuviel an Beiträgen seitens einiger Teilnehmer hindert die übrigen daran, zum Erfolg der Kommunikation beizutragen. Grund für die auffallende Geschwätzigkeit eines Teilnehmers kann sein, daß er versucht, den anderen zu imponieren oder sie zu beherrschen, daß er schneller denkt als die übrigen Teilnehmer, daß er über einen höheren Informationsstand verfügt, daß er nicht in der Lage ist, auf den Kern des Themas zu kommen. In vielen Fällen merkt ein solcher Teilnehmer nicht einmal, daß er den Erfolg der Kommunikation durch sein Verhalten beeinträchtigt.

Der Kommunikationsleiter muß ihn daher taktvoll auf die Folgen seiner Gesprächigkeit hinweisen. Da ein direkter Wortentzug Spannungen verursachen könnte, liegt es nahe, die Kommunikation auf die übrigen Teilnehmer umzulenken. Als erfolgreich erwies sich in der Praxis auch die Beauftragung redseliger Teilnehmer mit der Protokollierung und eine Plazierung links neben dem Diskussions- und Verhandlungsleiter. Dies erleichtert seine Kontrolle und ermöglicht es, den Blick von dem störenden Teilnehmer fort auf die übrigen Teilnehmer zu lenken.

4. Korrektur autoritärer Teilnahme

Der autoritäre Teilnehmer folgt häufig der Kommunikation zunächst mit mehr oder weniger Geduld. Dann aber meldet er sich zu Wort und verkündet seinen Standpunkt so, als wenn durch seinen Beitrag die zur Kommunikation anstehenden Probleme bereits endgültig gelöst seien. Die damit verbundene Anmaßung und die offensichtliche Bevormundung der übrigen Teilnehmer sind geeignet, Aggressionen hervorzurufen und im Extremfall die Kommunikation völlig zu sprengen. Dem Diskussions- und Verhandlungsleiter kommt in derartigen Fällen die Aufgabe einer „Demokratisierung" der Kommunikation zu. Durch Einführung abweichender Stellungnahmen oder Alternativen, auch wenn sie zunächst als unrealisierbar erscheinen, hat er auf die tatsächliche Vielschichtigkeit der Thematik zu verweisen und die übrigen Teilnehmer zur Entwicklung abweichender Stellungnahmen zu ermuntern. Dies wird ihm häufig dadurch erleichtert, daß der autoritäre Teilnehmer sich durch seine Beiträge selbst in den Gegensatz zur Mehrheit der Kommunikationsteilnehmer bringt.

Fragen:

7. Welche Bedeutung haben Sicherheits-, Wertschätzungs- und Selbstverwirklichungsbedürfnisse im Rahmen der Kommunikation?
8. Wie läßt sich das Ausdrucksverhalten analysieren?
9. Wie kann der „stumme" Teilnehmer zu Beiträgen motiviert werden?

D. Argumentationstechniken

Lernziele:

Sie sollten Verständnis für die Unterschiedlichkeit der Argumentationsaufforderungen bei den Kommunikationsphasen haben, die Argumentationstechniken und ihre möglichen Wirkungen kennen, über Verhandlungstaktiken und ihre Gegenmaßnahmen Bescheid wissen und die Fähigkeit zur Beurteilung des optimalen Anwendungszeitpunktes für Argumentationstechniken entwickeln können.

Organisations- und verhaltenspsychologische Techniken verbinden sich mit einem dritten Teilaspekt, den Argumentationstechniken, zu einem Gesamtspektrum an Uberlegungen und Maßnahmen, um in Diskussionen und Verhandlung die Oberhand zu haben.

Dem Ablauf einer Kommunikation entsprechend sind besondere Argumentationstechniken für Vorbereitung, Eröffnung, Kernphase und Abschlußphase von Diskussion und Verhandlung zu unterscheiden.

I. Argumentationsvorbereitung

Dominanz in der Kommunikation läßt sich nur dann erzielen, wenn sie sorgfältig vorbereitet wurde. Dazu gehört, daß vorliegende Unterlagen gelesen, geprüft und ausgewertet werden, daß Anschauungsmaterial (Graphiken, Skizzen, Statistiken) zur Abschwächung oder Verstärkung einzelner Argumente gesammelt und aufbereitet wird. Die Vorformulierung eigener Argumente mit Thesen und Antithesen sowie den grundlegenden Definitionen bildet einen weiteren Schwerpunkt der Vorbereitungsarbeit.

Im Gegensatz zur Diskussion ist die Vorbereitung der Verhandlung eine Teamarbeit. Das Team sammelt die Argumente für und gegen die eigene Verhandlungsposition, es versucht mögliche Argumente der Gegenseite zu antizipieren und es arbeitet angemessene Abwehrtaktiken aus.

Der Sammlung von Argumenten folgen Überlegungen zu ihrem taktischen Einsatz während der Kommunikation. So ist festzulegen, in welcher Kommunikationsphase die Argumente verwandt werden sollen und — bei der Verhandlung — welche Teammitglieder welche Argumente zu vertreten haben.

II. Techniken der Eröffnungsphase

Die Eröffnung der Kommunikation dient der Herstellung einer ihren Zielen förderlichen Atmosphäre, zugleich aber auch, gewissermaßen als nachfolgende Teilphase, der Orientierung an den gestellten Problemen und Themenbereichen.

1. Atmosphärisches Rahmengespräch

Technisch versierte Kommunikationsteilnehmer „schaffen sich“ ihre Zuhörer. Sie versuchen, bereits im ersten Eindruck Vorteile zu erringen, indem alles vermieden wird, was andere abstoßen könnte (z. B. Imponiergehabe, zu saloppe oder zu förmliche Kleidung, Egozentrik, Langatmigkeit, Anbiederung) und indem Ansatzpunkte gesucht werden, um die übrigen Kommunikationsbeteiligten für sich zu gewinnen. Hierzu gehört eine unaufhörliche Prüfung der Kommunikationspartner hinsichtlich ihrer Haltung, ihres Ganges, ihrer Mimik und Gestik, ihrer Dynamik usw. Das ermöglicht eine partnerangemessene Kommunikationseröffnung, wenn hinlängliche Schlüsse darauf bezogen werden können, ob der Kommunikationspartner sich als gleichberechtigt, unter- oder überlegen versteht und behandelt wissen will.

Inhaltlich hat das Rahmengespräch keinen sehr engen thematischen Bezug zur späteren Diskussion oder Verhandlung. Es dient ausschließlich dem Aufbau eines Sympathiefeldes und der Entspannung und Lockerung der Atmosphäre. Kommuniziert wird über unverfängliche allgemeine Dinge (z. B. Familie, Hobby, Urlaub), aus denen sich Gemeinsamkeiten ableiten lassen, welche später bewußt zum Abbau eventuell aufkommender Feindseligkeiten im Rahmen der Kernphase eingesetzt werden können. Von Bedeutung ist das Rahmengespräch auch für Erkenntnisse über den Sprachcode der Kommunikationsteilnehmer. Sie verhelfen zu einem besseren Verständnis des anderen, aber auch zu einer geschickten Ausnutzung etwaiger sprachlicher Schwächen durch angemessene Taktiken.

2. Problemorientierung

Dem kurzen, in der Regel nur wenige Minuten dauernden atmosphärischen Rahmengespräch schließt sich die Problemorientierung der Kommunikationsbeteiligten an. Hierzu gehört, daß das Problem kurz umrissen wird, daß die Zielsetzungen ausformuliert werden und die Thematik eine erste Abgrenzung erfährt. Dabei würde es die Kommunikationsatmosphäre trüben, wenn sich ein Kommunikationsteilnehmer bereits in diesem Stadium festlegte oder gar andere Kommunikationsbeteiligte auf bestimmte Aussagen fixieren wollte.

Hervorgekehrt werden vielmehr bei der Problemorientierung die vermuteten Gemeinsamkeiten, unterstützt durch eine Argumentation aus demonstrierter Gleichberechtigung heraus statt aus einer Position der Überlegenheit.

III. Techniken der Kernphase

Im Rahmen der Kernphase von Diskussion und Verhandlung sind die anstehenden Themen bzw. Probleme zu behandeln und zu lösen. Abgesehen von speziellen Verhandlungstechniken, welche mehrheitlich dazu bestimmt sind, den Verhandlungspartner in seiner Position und dem Ergebnis seiner Bemühungen zu schwächen, dienen Frage-, Einwand- und Entscheidungstechniken sowie planvoller Einsatz bestimmter Argumente zu bestimmten Zeiten der Erfüllung der Diskussions- und Verhandlungsziele.

1. Fragetechnik

Fragen lenken die Kommunikation in eine bestimmte Richtung. Damit der Kommunikationsteilnehmer sich dem nicht durch einfache Ja-Nein-Antworten entziehen kann, ist es sinnvoll, statt Alternativfragen sogenannte „W-Fragen" zu stellen (z. B. warum, was, wann, wer, weshalb, wo, wodurch). „W-Fragen" veranlassen zu ausführlichen Antworten mit höherem Informationsgehalt, etwa über Tatsachen, Ideen oder Meinungen, welche zum Problem gehören. Daneben regen sie die Befragten zum Analysieren und Abwägen von Tatsachen, Ideen und Meinungen an. Sie tragen dazu bei, Mißverständnisse aufzuklären, die Kommunikation auf das Thema zu beschränken und sicherzustellen, daß alle Aspekte des Problems gewürdigt werden. Grundlegende Anforderungen an Fragen sind, daß sie

- klar, kurz und genau gestellt sind,
- so aufgebaut sind, daß die Teilnehmer sie aus ihrer Erfahrung heraus beantworten können,
- erkennbar die persönliche Einstellung des Antwortenden zum Ausdruck bringen und,

negativ ausgedrückt, daß sie

- nicht die Atmosphäre trüben oder Streit verursachen,
- nicht die persönliche Sphäre der Befragten verletzen,
- nicht sarkastisch und hinterhältig wirken oder gar
- nicht beantwortbar sind.

Der Vorteil der Fragetechnik wird deutlich, wenn man bedenkt, daß sie den Kommunikationspartner zur Argumentation zwingt. Auch rücken Fragen den Partner in den Mittelpunkt der Kommunikation, sie schmeicheln ihm, sie locken ihn aus der Reserve. Geschickte Fragen verführen zu Antworten, welche Auskunft über die Interessen und Positionen der Kommunikationspartner geben, ohne daß der Fragende seine eigenen Interessen und Positionen preisgeben müßte.

Da der Befragte durch die Befragung von seiner ursprünglichen Argumentationstaktik abgelenkt wird und zur Begründung, mitunter gar zur Einsicht in die Grenzen seines Standpunktes gezwungen wird, bleibt die Fragetechnik nicht immer ohne Rückwirkung auf die Atmosphäre. Als Haupttaktik eines Kommunikationsbeteiligten angewandt, könnte sie den Widerstand der Befragten hervorrufen, diese zu entgegengerichteten Taktiken ermuntern und so den Erfolg der Kommunikation gefährden. Eine wesentliche Ergänzung der Fragetechnik ist daher die Einwandtechnik.

2. Einwandtechnik

Einwände können durch Fragen provoziert werden. Sie lassen sich andererseits aber auch durch Fragen entkräften. Dabei wäre es wenig sinnvoll, sachliche Argumente und Beweise anderer Kommunikationsteilnehmer durch Gegenbehauptungen anzugreifen. Angebrachter erscheint es, die stillschweigenden Voraussetzungen der angeblichen Beweise zu überprüfen, ihre allgemeine oder teilweise Richtigkeit, ihre Vollständigkeit oder Unvollständigkeit nachzuweisen, sie auf logische Fehler hin zu überprüfen oder durch Gegenbeispiele zu entkräften.

Bei der Reaktion auf die Einwände von Kommunikationsteilnehmern gegen die eigenen Beiträge ist ebenso wie bei der aktiven Einwandtechnik eine sorgfältige Prüfung des sachlichen Gehalts erforderlich. Allgemein sind Scheineinwände, subjektive und objektive Einwände zu unterscheiden.

Scheineinwände werden insbesondere dann angesetzt, wenn geringes thematisches Interesse an Diskussion oder Verhandlung vorliegt. Sie werden häufig begleitet von **subjektiven Einwänden,** welche sich auf die eigene oder andere an der Kommunikation teilnehmenden Personen richten und sich in Vorlieben, Vorurteilen, Antipathien, Sympathien u. ä. äußern. Sie sind geeignet, vorwiegend im atmosphärischen Bereich die Kommunikation zu fördern oder zu beeinträchtigen. Da aber der förderlichen Kommunikationsatmosphäre auch Bedeutung für den sachinhaltlichen Verlauf von Diskussion und Verhandlung zukommt, sind die subjektiven Einwände in ihrer Wirkung von den objektiven nicht immer klar zu trennen. Objektive, d. h. sachorientierte Einwände anderer Kommunikationsteilnehmer müssen entkräftet werden, wenn man den eigenen Kommunikationserfolg nicht gefährden will. Gebräuchliche Techniken in diesem Zusammenhang sind die

— Vorwegnahme eines erwarteten objektiven Einwands

— Bezugnahme auf einen sachverständigen Dritten

— Erzielung eines Überraschungseffekts (z. B. „das ist es ja gerade, worauf ich zu sprechen kommen wollte")

— Anwendung einer Wendetaktik (z. B. „ja, richtig, aber meinen Sie nicht auch ...") und die

— Rückkehr zur Fragetechnik (z. B. „Sind Sie nicht auch der Ansicht, daß ...")

3. Entscheidungstechnik

Die Kernphase von Diskussion und Verhandlung gipfelt in dem Versuch, Übereinstimmung in bezug auf das gestellte Thema bzw. Problem zu erzielen. Dabei kommt es nicht allein auf die kurzfristige Erzielung einer Übereinstimmung an, sondern auch auf die langfristigen Auswirkungen der Ergebnisse. Es kann z. B. durchaus gelingen, den Gegner während einer Verhandlung unfähig zu machen, die gegebene Situation klar zu überschauen. So kann es gelingen, ihn suggestiv in eine Entscheidung hineinzutreiben. Mit einigem Zeitabstand von der Verhandlung wird ein derart überrumpelter Verhandlungsgegner aber über seine Entscheidung Unbehagen empfinden und Widerstand entwickeln. Künftige Verhandlungen sind daher in ihrem Ergebnis gefährdet. Es erscheint daher sinnvoll, sich vor und während der Verhandlung, aber auch der Diskussion, auf die Techniken zur Erzielung von Übereinstimmung zu besinnen.

Die direkte Aufforderung der Kommunikationspartner, sich für eine bestimmte Alternative zu entscheiden, erscheint nur dann möglich, wennn sie bereits eine innere Festlegung auf diese Alternative vermuten lassen. Grundlage einer derartigen Vermutung ist die sorgfältige Analyse des Ausdrucksverhaltens (z. B.

besondere Lebhaftigkeit, vorgeneigte Körperhaltung, aufgehelltes Gesicht). Fehlen eindeutige Hinweise auf eine bereits vorliegende Festlegung des Kommunikationspartners, so mag es dienlich sein, nicht mehr von der Entscheidung selbst zu sprechen, sondern von den erfreulichen oder unerfreulichen Folgen der Annahme oder Ablehnung der vorgeschlagenen Alternative.

Kritisch zu beurteilen sind in derartigen Fällen Aufforderungen, welche ein Nein beim anderen provozieren könnten. Erfolgversprechender ist der Versuch, den Wert der vorgeschlagenen Lösung durch Argumente nachzuweisen, für welche der Kommunikationspartner bereits Zustimmung ausgedrückt hat. Die Verbindung der vom Kommunikationspartner vorgetragenen Argumente mit der angestrebten Lösung des Themas bzw. des Problems erhöht die Chance einer Identifikation mit dieser Lösung und schließlich einer endgültigen Festlegung auf diese Lösung.

Es bleibt zu bedenken, daß durch derartige Taktiken eine Gesamtlösung nicht in allen Fällen erreichbar sein wird. Ausweichtaktik ist dann der Versuch, das Gesamtproblem in möglichst kleine Teilprobleme zu zerlegen und für diese gemeinsame Lösungen anzustreben. Konnte Übereinstimmung bei einer Reihe von Teilproblemen erzielt werden, so fällt es dem Kommunikationspartner schwer, sich einer generellen gemeinsamen Lösung zu entziehen. Sie ist ja in kleinsten Schritten bereits vorweggenommen worden („Salamitaktik“).

Für den Bereich der Verhandlung gibt es eine Vielzahl von speziellen Taktiken zur Herstellung von Übereinstimmung. Da es sich hierbei jedoch durchweg um Kampfmittel zur Verbesserung der eigenen Position handelt, sollen sie nachfolgend besonders aufgeführt werden.

4. Spezielle Verhandlungstechniken

Grundregel für das Kerngespräch ist die Einigkeit des Verhandlungsteams. Geschlossenes Auftreten verhindert, daß es dem Verhandlungsgegner gelingt, seine Gegenpartien untereinander auszuspielen.

Umgekehrt ist es wichtig, den Gegner emotional zu stimulieren. Ein verärgerter oder gereizter Verhandlungsgegner wird mehr und anderes kommunizieren als er eigentlich wollte. Ansatzpunkt einer solchen Provokation ist ein schwächeres Mitglied der gegnerischen Verhandlungsseite. Man versucht, es in Widersprüche zu verwickeln, diese herauszustellen und so die gegnerische Position zu schwächen. Die Ergebnisse der Verhandlung werden für die gespaltene Partei entsprechend schlechter ausfallen.

Ein Kompromiß wird allgemein nur dann für eine Partei günstig sein, wenn ihrem Gegner die noch akzeptierbare Kompromißformel nicht bekannt ist. Weiter ist zu beachten, daß zu früh gemachte Konzessionen eine Schwächung bedeuten, welche sich im Endergebnis der Verhandlung ausdrücken kann. Auch ist es wichtig, gleichzuziehen, wenn der Verhandlungspartner im Verlauf der Kommunikation bereits getroffene Zugeständnisse zurücknimmt. Andererseits sollten günstige Angebote des Verhandlungspartners nicht sofort freudig aufgegriffen, sondern zunächst als unzumutbar eingestuft werden. Es wird scheinbar weiter um eine Verbesserung dieses Angebots gekämpft, damit der Verhandlungspartner nicht den Eindruck gewinnt, einen Fehler begangen zu haben.

Eine Verbesserung von Verhandlungsergebnissen wird trotz offiziell unbestrittener ethischer Verwerflichkeit häufig durch Geschenke an Angehörige des gegnerischen Verhandlungsteams zu erreichen versucht. Es handelt sich hierbei um unfaire, im übrigen auch strafbare Beeinflussungsversuche, welche den Empfänger in seiner Entschlußfreiheit zu hemmen suchen. Unfair ist auch das Aufgreifen von privaten Schwächen des Verhandlungsgegners oder der Versuch, durch einen privaten Rahmen seine Sachlichkeit zu lockern. Ähnliches gilt für Täuschungsversuche und Bluffs. Zwar ist die Anwendung derartiger Kampfmittel nach den Regeln des „fair-play" ausgeschlossen, es fehlt jedoch die letzte Gewißheit, daß ein Verhandlungspartner sie nicht anwendet, weil Instanzen zur Überprüfung unfairen Verhandlungsverhaltens (z. B. Gerichte) nur begrenzte Wirkungsmöglichkeiten haben.

Der Phantasie bei der Erfindung von Verhandlungskampfmitteln sind keine Grenzen gesetzt. Ihre Wirkung beruht durchweg auf dem Überraschungsmoment, der Undurchsichtigkeit und der Steuerung des Einsatzes derart, daß dem Gegner rechtzeitige oder angemessene Gegenkampfmittel verwehrt bleiben. Im Überblick bieten sich folgende — noch **als fair einzustufende — Verhandlungstaktiken** an:

(1) Die Ermittlung der Positionsstärke und Verhandlungsabsicht des Gegners durch Einblick in seine Interna bei gleichzeitiger Verschleierung der eigenen Position ist eine Zielsetzung, welche häufig durch ein „auf den Busch klopfen" zu erreichen versucht wird. Man stellt Spekulationen und Vermutungen als sichere Informationen hin oder gibt Dinge, welche man sicher weiß, als bloße Vermutung aus. So sollen, ergänzend zu offenen Sondierungen, Informationen provoziert werden.

(2) Die Entkräftung gegnerischer Ausführungen im Rahmen der Kernphase läßt sich durch eine Taktik der alten griechischen Rhetorik, die Prolepsis (Vorwegnahme eines Satzgliedes), erreichen. Durch Vorwegnahme gegnerischer Einwendungen, die möglicherweise vorgetragen werden könnten, versucht man, die Position des Verhandlungsgegners vorzeitig zu schwächen. Ähnlichen Zwecken dient das Übergehen gegnerischer Auffassungen, indem man den Eindruck erweckt, es lohne gar nicht, dem Gedankengang des Gegners zu folgen. Man verzichtet also auf offene Konfrontation im Hinblick auf die Chance, daß der Gegner seinen Widerstand verringert, wenn die gegenteiligen Auffassungen durch begeisterte und überzeugende Vertretung des eigenen Standpunkts überspielt werden. Denkbar ist auch, daß man zwar die Richtigkeit der gegnerischen Ausführungen anerkennt, aus diesen aber für den Gegner unliebsame Folgerungen zieht. Der Verhandlungspartner soll so zur Argumentation gegen seine früheren Ausführungen gezwungen werden. Um die nicht auszuschließenden atmosphärischen Trübungen bei derartigen Taktiken im Rahmen zu halten, spielt ein Mitglied des eigenen Verhandlungsteams mitunter die Rolle des scheinbar Unparteiischen.

(3) Die Bagatellisierung der Verhandlung oder des angestrebten Verhandlungsergebnisses stellt den Versuch dar, das tatsächliche Interesse zu verschleiern. Dem Verhandlungspartner soll klargemacht werden, daß man ohne Druck und mit viel Zeit verhandelt und daß man das Streit-

objekt als geringfügig oder geringwertig erachtet. Die Gefahren dieses Kampfmittels liegen in einem Kontern des Gegners, der Indifferenz als Desinteresse auslegen und die Bagatellisierung zum Anlaß der Aufforderung nehmen könnte, man möge doch auf das Streitobjekt verzichten, wenn man tatsächlich glaube, es sei so geringfügig.

(4) F e s t l e g u n g e n spiegeln dem Gegner Sachzwänge vor, um ihn davon zu überzeugen, daß die eigene Position nahezu unveränderlich sei. Als problematisch erweisen sich jedoch Festlegungen dann, wenn sie infolge mangelnder Verhandlungsstärke wieder aufgegeben werden müssen. Die Glaubwürdigkeit des sich festlegenden Verhandlungsteils ist damit auch für zukünftige Verhandlungen erschüttert. Strikte Festlegungen lassen sich daher nur bei einer Position der Stärke rechtfertigen, die durch das Mittel des „f a i t a c c o m p l i" verbessert werden kann. Der Gegner wird dann aufgefordert, sich mit einer vollendeten Tatsache abzufinden oder, im Bemühen um Wiederherstellung des früheren Zustandes, selbst zu Vergeltungsmaßnahmen zu greifen, welche eine unüberschaubare Eskalation in Gang setzen könnten.

Neben der Festlegung kann auch die N i c h t - F e s t l e g u n g ein durchaus brauchbares Kampfmittel sein. Ist man gezwungen, in einigen Problempunkten nachzugeben, so tut man dies unter dem Vorbehalt, man müsse das Gesamtergebnis der Verhandlung abwarten. Man läßt sich also nicht darauf ein, Einzelpunkte als erledigt zu betrachten, bevor das Endergebnis fixiert wurde. Auch kann dem Verhandlungsgegner klar gemacht werden, man handele nur nach Anweisungen und ohne persönliche Freiheit in bezug auf irgendwelche Konzessionen. Verhandlungsergebnisse können dann nur unter Vorbehalt der Zustimmung der vorgesetzten Dienststelle verabschiedet werden. Problematisch erscheint jedoch, daß ein Mangel an Festlegung den Verhandlungsgegner verärgern und zum Rückzug aus der Verhandlung veranlassen kann.

(5) Ausgiebige Erörterung wichtiger strittiger Punkte gegen Schluß der Verhandlung setzt den Gegner unter Z e i t d r u c k. Diese Kampfmaßnahme muß sich allerdings nicht auf die Kernphase beschränken. So kann die Verhandlung insgesamt hinausgezögert werden, wenn bekannt ist, daß der Gegner auf ein Ergebnis angewiesen ist (z. B. „diplomatische Erkältung"). Andererseits kann der Gegner durch l a u f e n d e E r h ö h u n g d e r e i g e n e n F o r d e r u n g e n im Rahmen einer Verhandlung gezwungen werden, angebotene Bedingungen rasch anzunehmen, damit er „gute Gelegenheiten" nicht verpaßt. Voraussetzung ist, daß die Gefahr der Nichteinigung dem Gegner weniger wünschenswert als eine schnelle Einigung unter großen Zugeständnissen erscheint.

Eine andere Variante des Zeitdrucks ist das S p i e l m i t d e r G e f a h r d e r N i c h t e i n i g u n g. Gewissermaßen „in der letzten Minute" werden Forderungen nachgeschoben, nachdem alle anderen wichtigen Fragen bereits geregelt wurden. Der Verhandlungspartner sieht dann die Übereinkunft als gefährdet an und ist nicht zuletzt wegen des Zeitdrucks eher geneigt nachzugeben als während der eigentlichen Kernverhandlung. Überdies wird kein Verhandlungspartner sich gern für den Zusammenbruch der

Verhandlung verantwortlich machen lassen. Das erklärt auch, daß mitunter Forderungen und Angebote derart hart und überzogen angesetzt werden, daß die Annahme für den Verhandlungspartner indiskutabel erscheint. Die Ablehnung wird so gewissermaßen provoziert, ohne daß man Verhandlungen direkt abgelehnt hätte.

(6) Einigungen in kleinen Schritten bieten Vorteile, wenn einfache Kompromisse als schwer erreichbar erscheinen. Die bereits erwähnte sogenannte „Salamitaktik" besteht darin, Schritt für Schritt Teileinigungen zu erzielen, welche dem nächsten Zugeständnis vorgreifen. Jedes Zugeständnis wird als Stützpunkt auf dem Weg zur ersehnten überlegenen Stellung betrachtet. Da die „Salamitaktik" die Gegenseite provozieren kann, sich auf keine Teileinigungen einzulassen, bieten sich häufig dem Junktim bessere Chancen.

Das Kopplungsverfahren hat den Vorzug, daß die Verhandlungsparteien gegenseitig Vor- und Nachteile kompensieren können, indem sie diese austauschen oder aufrechnen. Sieht sich eine Partei gezwungen, in einem Punkt nachzugeben, so versucht sie, Forderungen zu einem anderen Punkt durchzusetzen und damit beides im Rahmen einer Gesamtbereinigung zu klären. Die Streitpunkte werden also nicht mehr einzeln verfolgt, sondern als „Paket" aufgefaßt, für das eine Gesamtlösung gesucht wird.

(7) Kalkulierte Ungenauigkeiten und Unvollständigkeiten ermöglichen Einigung auch unter schwierigen Bedingungen, sie verweisen die Verhandlungspartner auf nachfolgende Verhandlungen, welche durch angestrebte Nebeneffekte begünstigt werden sollen.

Eine bewußt schwache Formulierung von Verhandlungsergebnissen kann die Taktik zum Inhalt haben, vom Gegner verlangen zu glauben, daß detaillierte Ergebnisbeschreibungen unnötig seien. Unbestimmtheiten im Verhandlungsergebnis decken spätere, für den Verhandlungsgegner nachteilige Auslegungen und Sinnentstellungen.

Eine zweite Variante, das unvollständige Abkommen, kann auf dem beiderseitigen Interesse beruhen, Differenzen im Interesse zukünftiger Verhandlungsführung klar abzustecken. Die Verhandlungspartner können sich dann später besser auf die offenen Streitfragen konzentrieren oder diesen aus dem Wege gehen.

Es mag aber auch vorkommen, daß die Verhandlungspartner nicht so sehr am Abkommen selbst, sondern vielmehr an gewissen symbolischen oder versteckten Folgen einer Vertragsunterzeichnung interessiert sind. Immerhin hat man dann einen Übertragungseffekt erzielt, denn Verhandlungspartner werden im Normalfall ihre Position zwischen Beginn und Ende einer Verhandlung gewissen Änderungen unterwerfen. Wird die gleiche Problematik in einer weiteren Verhandlung wieder aufgegriffen, so können die Verhandlungspartner von Positionen ausgehen, welche nicht mehr der ursprünglichen Ausgangssituation, sondern der Endposition der vorangegangenen Verhandlung entsprechen. Überdies kennen die Partner dann ihre jeweiligen Machtverhältnisse und ihre Verhandlungstaktik besser. Die Verhandlungsatmosphäre ist bekannt und erleichtert die Einstellung der Partner auf die bei nachfolgenden Verhandlungen anstehenden Probleme.

5. Beitrags-Timing

Die Wirkung der Kommunikationstechniken im Rahmen der Kernphase hängt davon ab, zu welchem Zeitpunkt die einzelnen Beiträge in die Kommunikation einfließen.

Ging die Kommunikation am Teilnehmer vorbei, so sollte er seine Wortmeldung zurückziehen. Rückgriffe, aber auch ein Anhängen zusätzlicher, spontaner Einfälle stören die planvolle Problembehandlung. Um eine Entwertung der eigenen Beiträge zu verhindern, bietet sich ein Aufsparen der stärksten Argumente für den Kommunikationsschluß an. Andererseits wäre eine Eröffnung mit dem schwächsten Argument geeignet, den Kommunikationsteilnehmer durch die zu erwartenden starken Einwände in eine Verteidigungsposition zu drängen, aus der er nur schwer ausbrechen kann.

Wiederholungen von Argumenten bereichern nicht die Kommunikation. Sie sind jedoch zulässig und für das Ergebnis wichtig, wenn es sich um die besten Argumente handelt und wenn sie in der Abschlußphase der Kommunikation erfolgt.

IV. Techniken zur Abschlußphase

Die Abschlußphase der Kommunikation tendiert dahin, besser, mitunter sogar allein, im Gedächtnis der Beteiligten haften zu bleiben. Es kommt daher darauf an, durch das „letzte Wort" den stärksten Argumenten nochmals besonderes Gewicht zu verleihen.

Eine abschließende Zusammenfassung wiederholt nicht nur die zentrale Argumentation sondern auch die Problem- und Zielorientierung. Teilergebnisse werden aufgeführt, in ihren Beziehungen zueinander gezeigt und in den Rahmen des Gesamtergebnisses einbezogen. Da auch die anderen Kommunikationsteilnehmer Schlußerklärungen abgeben, liegt es nahe, zur atmosphärischen Verbesserung auch die gegnerischen Ansichten zu würdigen, das kommunikationsfördernde Verhalten der übrigen Beteiligten herauszustellen und nicht zuletzt auf eigenes Entgegenkommen zu verweisen. Verlauf und Erfolg nachfolgender Kommunikationen werden so durch die Abschlußphase bereits vorprogrammiert.

Fragen:

10. Welchen Vorteil haben „W-"Fragen gegenüber Alternativfragen?
11. Welche Techniken lassen sich zur Entkräftung einsetzen?
12. Welche Gegenmaßnahmen sind zu erwarten bei Anwendung der
    a) Salamitaktik?
    b) Nichtfestlegung?
    c) Kalkulierter Ungenauigkeit?

Antworten zu den Fragen

1. a) Unveränderte und sinnentsprechende Übermittlung an einen oder mehrere Empfänger.

   b) Veranlassung des Empfängers/der Empfänger, auf Grund der übermittelten Information in einer bestimmten Richtung zu empfinden, zu denken oder zu handeln.

2. a) Die informationsaustauschorientierte Diskussion ist abgestellt auf einen Wissenszuwachs und eine Wissensvereinheitlichung der Teilnehmer bezüglich des gestellten Problems oder Themas.

   b) Die problemlösungsorientierte Diskussion hat die Aufgabe, bezüglich des gestellten Problems Lösungsalternativen zu erarbeiten, zu bewerten oder auch auszuwählen.

3. a) Verlängerung einer bestehenden Übereinkunft.

   b) Normalisierung abnormer Zustände.

   c) Um- bzw. Neuverteilung von Einflüssen und Interessen.

   d) Nebeneffekte, z. B. Propaganda, Informationen über den Gegner, Kontakte zum Gegner.

4. a) Ort, Beginn und Ende der Kommunikation.

   b) Übersichtliche und aussagefähige Information über den inhaltlichen Rahmen.

   c) Beginn und Ende der einzelnen Beiträge bzw. der Behandlung von Teilproblemen.

   d) Kurzpausen und Mittagspausen.

5. a) Runder Tisch (Statusgleichheit)

   b) Mit Verhandlungsleiter:

   U-Form, an den Innenseiten unbesetzt, an jeder Längsseite eine Verhandlungspartei, Mitglieder mit hohem Status nahe der Basis des U, einander gegenüber.

   Ohne Verhandlungsleiter:

   langgestrecktes Rechteck, an jeder Längsseite eine Verhandlungspartei, Verhandlungsführer jeder Partei an der Mitte der Längsseiten, flankiert von den Mitgliedern ihrer Partei mit jeweils höchstem Status.

6. Freie Beantwortung. Ein Vorschlag: Lassen Sie Ihren Bogen von einer Kollegin/einem Kollegen überprüfen oder — noch besser — versuchen Sie zu mehreren, unabhängig voneinander, den Bogen zu erstellen und diskutieren Sie die Ergebnisse anschließend!

7. a) Sicherheitsbedürfnisse: Informationen verhelfen dazu, Verhaltensspielräume abzugrenzen, bedrohliche Ungewißheit abzubauen, Selbstkontrolle zu betreiben. Hieraus resultiert ein höheres Sicherheitsempfinden für den einzelnen.

b) Wertschätzungsbedürfnisse: das Ausmaß der Kommunikationsteilnahme und der Grad an Informiertheit sind Statussymbole, welche die soziale Wertigkeit des einzelnen betonen und sein Gefühl für den Eigenwert der Persönlichkeit stärken.

c) Selbstverwirklichungsbedürfnisse: der Erwerb neuen Wissens und die Entwicklung latenter Fähigkeiten durch Information sind Beiträge zur Persönlichkeitsentfaltung.

8. a) Beobachtung und genaue Registrierung des Bewegungsausdrucks, des stimmlichen Ausdrucks und der Kommunikationsdistanz.

   b) Vergleich der Beobachtungen mit dem direkten Kommunikationsverhalten, also dem Inhalt und der Form der Beiträge.

   c) „Testfragen" zur Ermittlung der Ausdrucksreaktionen.

9. a) Direkte Ansprache, insbesondere Fragen.

   b) An die Gesamtheit der Teilnehmer gerichtete Betonung der Wichtigkeit der Anwesenheit des „stummen" Teilnehmers wegen seiner wesentlichen, persönlichen Erfahrungen.

   c) Ermutigung durch Lob auch bescheidener Beiträge.

10. a) Veranlassung zu ausführlichen Antworten mit höherem Informationsgehalt.

    b) Anregung zur Analyse und kritischen Beurteilung von Tatsachen, Ideen und Meinungen.

    c) Beitrag zur Aufklärung von Mißverständnissen, zur Einhaltung des Themenbezugs, zu erschöpfender Themenbehandlung.

    d) Zwang des Partners zur Argumentation ohne die Notwendigkeit zur Preisgabe der eigenen Interessen und Positionen.

    e) Aktivierung der Kommunikation.

11. a) Vorwegnahme erwarteter Einwände.

    b) Bezugnahme auf sachverständige Dritte (Zitate!).

    c) Überraschungsversuch („Darauf wollte ich soeben zu sprechen kommen . . . . .").

    d) Wendetaktik („Ja . . . . . aber . . . . .").

    e) Abschwächung durch Fragetechnik („Meinen Sie nicht auch, daß . . . . ?").

12. a) Verweigerung des Ausschlusses von Teileinigungen; Übergang zum Junktim.

    b) Abbruch der Verhandlung oder Nichtfestlegung auch durch die Gegenseite.

    c) Beharren auf Klärung aller Einzelheiten; Vertagungsbegehren; Nichtfestlegung.

Literaturverzeichnis

Elertsen, H.: Moderne Rhetorik, 6. Aufl., Heidelberg 1972.

Hoche, K.: Konferenzen — Planung, Vorbereitung, Durchführung, Auswertung, 2. Aufl., München 1972.

Korff, E.: Technik und Psychologie erfolgreicher Geschäftsführung und Diskussion, München 1975.

Lay, R.: Dialektik für Manager — Methoden des erfolgreichen Angriffs und der Abwehr, München 1974.

Lay, R.: Anleitung für Diskussionsteilnehmer, in: Capital 12/74.

Nierenberg, G. J.: Verhandlungstraining, 2. Aufl., München 1968.

Reinecke, W.: Konferenztechnik, in: Capital 11/74, 12/74.

Stangl, A. u. M. L.: Verhandlungsstrategie, Düsseldorf und Wien 1972.

Tengelmann, C.: Die Kunst des Verhandelns — Verhandlungsführung als Management-Technik, 3. Aufl., Heidelberg 1972.

Ulrich, W.: Kreativitätsförderung in der Unternehmung — Ansatzpunkte eines Gesamtkonzepts, Schriftenreihe des Instituts für betriebswirtschaftliche Forschung an der Universität Zürich, Bd. 13, Bern und Stuttgart 1975.

www.ingramcontent.com/pod-product-compliance
Lightning Source LLC
LaVergne TN
LVHW082054051026
849532LV00011B/3591
9783409393317